BEI GRIN MACHT SICH IHR
WISSEN BEZAHLT

- Wir veröffentlichen Ihre Hausarbeit,
  Bachelor- und Masterarbeit

- Ihr eigenes eBook und Buch -
  weltweit in allen wichtigen Shops

- Verdienen Sie an jedem Verkauf

Jetzt bei www.GRIN.com hochladen
und kostenlos publizieren

Bibliografische Information der Deutschen Nationalbibliothek:

Die Deutsche Bibliothek verzeichnet diese Publikation in der Deutschen National-
bibliografie; detaillierte bibliografische Daten sind im Internet über http://dnb.d-
nb.de/ abrufbar.

Impressum:

Copyright © 2008 GRIN Verlag, Open Publishing GmbH
Druck und Bindung: Books on Demand GmbH, Norderstedt Germany
ISBN: 9783640554317

Dieses Buch bei GRIN:

http://www.grin.com/de/e-book/145784/das-lesetagebuch-als-methode-der-lesefoer-
derung

Sarah Nixdorff

Das Lesetagebuch als Methode der Leseförderung

GRIN Verlag

GRIN - Your knowledge has value

Der GRIN Verlag publiziert seit 1998 wissenschaftliche Arbeiten von Studenten, Hochschullehrern und anderen Akademikern als eBook und gedrucktes Buch. Die Verlagswebsite www.grin.com ist die ideale Plattform zur Veröffentlichung von Hausarbeiten, Abschlussarbeiten, wissenschaftlichen Aufsätzen, Dissertationen und Fachbüchern.

Besuchen Sie uns im Internet:

http://www.grin.com/

http://www.facebook.com/grincom

http://www.twitter.com/grin_com

Pädagogische Hochschule Freiburg

Institut für deutsche Sprache und Literatur
Seminar: Leseförderung am Beispiel der Kinder- und Jugendliteratur
Wintersemester 2007/2008

„Das Lesetagebuch als Methode der Leseförderung"

Sarah Nixdorff

Modul 2
Europalehramt an Grund-und Hauptschulen

„ Die Texte der Kinder sind wie Fenster; sie geben die Sicht frei auf den meist verborgenen, stillen Austausch zwischen dem lesenden Kind und seinem ausgewählten Buch."
Andrea Bertschi-Kaufmann[1]

Inhaltsverzeichnis

1. Einleitung 3

2. Leseförderung 3

3. Das Lesetagebuch als Methode der Leseförderung 7
    3.1   Aufbau und Inhalt eines Lesetagebuches 7
    3.2   Ziele 8
    3.3   Einsatzmöglichkeiten.. 9
    3.4   Offene und geschlossene Form 9
    3.5   Aufgaben der Lehrperson... 9
    3.6   Problematische Aspekte des Lesetagebuchs............................... 10

4. Praxisbeispiel zum Einsatz des Lesetagebuchs 12
    4.1   Inhalt „Paul Vier und die Schröders".. 12
    4.2   Methodisch- didaktische Überlegungen zu „Paul Vier und die Schröders". 12
    4.3   Die Arbeit mit dem Lesetagebuch und Steinhöfels Roman „Paul Vier und die Schröders" 13
    4.4   Beispiele aus dem Seminar... 14

5. Resümee 15

6. Literatur.. 17
    6.1 Literaturverzeichnis... 17
    6.2 Internetquellen 17

---

[1] Vgl.: Bertschi-Kaufmann, Andrea: „Ich würte das Buch alen empfelen zu lesen." Leseerfahrungen und ihre Spuren im Lesetagebuch, S. 14.

1. Einleitung

Im Wintersemester 2007/2008 hatte ich die Möglichkeit am Seminar „ Leseförderung am Beispiel der Kinder- und Jugendliteratur" teilzunehmen. Im Laufe des Semesters beschäftigten wir uns mit dem Begriff der Leseförderung und verschiedenen methodischen Konzepten der Leseförderung im schulischen Kontext. In einem 90minütigen Referat, einschließlich eines Praxisteils der von den Kommilitonen und Kommilitoninnen ausgeführt wurde, stellte ich gemeinsam mit einer Kommilitonin in einer Sitzung die Methode des Lesetagebuches vor.

Neben einer kurzen Einführung in die moderne Leseförderung soll in dieser Arbeit der Schwerpunkt auf dem Lesetagebuch und seinen methodisch-didaktischen Hintergründen liegen. Exemplarisch verdeutlicht werden soll die Arbeit mit einem Lesetagebuch anhand des Jugendromans „Paul Vier und die Schröders" von Andreas Steinhöfel und den im Seminar entstandenen Beispielen der Studierenden. Abschließend werde ich zu einer persönlichen Stellungnahme kommen, indem ich die Methode des Lesetagebuches noch einmal in den Kontext der Leseförderung stelle und seine Wirksamkeit kritisch-konstruktiv hinterfrage und zusammenfasse.

2. Leseförderung

Der Begriff „Leseförderung" hat im Deutschunterricht eine lange Tradition, das Konzept hinter dem Begriff hat sich in den letzten zwanzig Jahren jedoch gewandelt. „Leseförderung" bedeutet heute nicht mehr die individuelle Förderung von leseschwachen Kindern und die Einführung des „weiterführenden Lesens" in der Primarstufe, sondern bezieht sich auf die gesamte Schülerschaft und alle Schulstufen und –formen.[2] Ziel der Leseförderung ist die Vermittlung positiver Leseerfahrungen, die durch einen möglichst unverschulten Umgang durch den Deutschunterricht ermöglicht werden sollen.[3] Seit den 90er Jahren des vorigen Jahrhunderts wurde der Schule mehr und mehr die Hauptverantwortung für die Aufgabe der Leseförderung übergeben, die jedoch unterstützend außerschulische Einrichtungen integrieren sollte. Durch die Begriffserweiterung der Leseförderung

---

[2] Vgl.: Hurrelmann, Bettina, Elias, Sabine: „Leseförderung in einer Medienkultur", S. 4.
[3] Vgl.:Ebenda, S. 4.

geht es *„nun[...]um die Sicherung einer zentralen Kulturtechnik, [...]um den Aufbau und Erhalt von Lesemotivation, um eine Hilfe bei der Ausbildung stabiler Lesegewohnheiten und persönlicher Leseinteressen, um die Ermöglichung von [...] Erfolgserlebnissen beim Bewältigen umfangreicherer und komplexerer Texte."*[4]

Bettina Hurrelmann hat sich intensivst in verschiedenen Studien und Fallbeispielen mit Bereichen der Leseförderung auseinandergesetzt, unter anderem auch mit der Bedeutung der Lesekompetenz in einer Mediengesellschaft. Für sie ist bedeutend herauszustellen, warum das Lesen auch im 21. Jahrhundert eine weiterhin zu erlernende Kulturtechnik bleibt, wenn auch eine, die im Verbund mit den anderen Medien (sowohl Print-, als auch Bildmedien) steht.[5] Auch in einer multimedialen Gesellschaft ist Lesefähigkeit und -kompetenz unumgänglich, sie ermöglicht sogar erst einen verantwortungsvollen und selbstbestimmten Umgang der neuen Medien.[6] Fachdidaktische Überlegungen zur Leseförderung müssen also nach Hurrelman genau hier ansetzten und danach fragen, warum Lesen heute noch aktuell ist.[7] Um diese Frage zu beantworten, müssen die einzelnen Prozesse des Lesens genauer betrachtet werden. Durch Beobachtungen des Alltags von Müttern und ihren Kindern wurde herausgefunden, dass die Mütter während des Vorlesens am bewusstesten ihre Sprache auswählten und so die Kinder gezielt in ihrer Sprachentwicklung gefördert wurden. Hurrelmann zieht daraus das Fazit, dass Lesen (auch Vorlesen) die Sprachentwicklung wie keine andere Medientätigkeit fördert.[8] Auch kognitiv ist das Lesen eine hochkonzentrierte Leistung, bei der das Gehirn sowohl die Schriftzeichen decodieren muss, als auch das Gelesene mit vorhandenem Wissen verknüpfen muss, um so ein Verstehen zu bewirken. Des Weiteren stellt das Lesen wie kein anderes Medium den Raum für die Entwicklung von sozialem Verstehen und Empathie zur Verfügung, indem es durch seine langsame Rezeption, in Vergleich zu beispielsweise dem Film, eine vertiefte Perspektivübernahme und emotionales Nachvollziehen von Erfahrungen ermöglicht. Hier kann auch ergänzt werden, dass Leser, die es gewohnt sind sich auf einen Text langfristig zu konzentrieren und sich durch Verinnerlichung in den Inhalt hineingeben, mehr Informationen aus einem Film herausfiltern und später wiedergeben können,

---

[4] Ebenda, S. 4.
[5] Vgl.: Ebenda, S.3.
[6] Vgl.: Ebenda, S.3.
[7] Vgl.: Hurrelmann, Bettina: „Leseförderung", S.16.
[8] Vgl.: Ebenda, S.16.

als ungeschulte Leser.[9] Lesen kann also als Schlüssel zum selbstbestimmten und reflektierten Mediengebrauch betrachtet werden.[10]

Bettet man die „Leseförderung" in die Bildungspläne von Baden-Württemberg ein, so finden sich für alle Schulstufen Standards und Anregungen, die das Lesen und seine Förderung betreffen.[11] In der Grundschule wird der Leseförderung selbstverständlich eine besondere Rolle zugeschrieben, weil sie den Grundstein legt für die Lesebiographie eines jeden Schülers. In den Leitgedanken zum Kompetenzerwerb heißt es:

„ Die Schule muss bestrebt sein, die Lernlust und Neugier der Kinder auf Sprache und ihre unterschiedlichen Ausprägungsformen (Sprechen, Schreiben, Lesen) zu bewahren. Die wichtigste Aufgabe des Deutschunterrichts ist es, bei den Kindern Freude am Umgang mit Sprache zu wecken, zu steigern, sie zum Lesen und Schreiben zu motivieren und dafür zu sorgen, dass sie sich dabei von Anfang an als kompetent und erfolgreich erleben können. Nur so lässt sich eine lebenslange positive Lese- und Schreibhaltung aufbauen. Die Teilnahme an Lese- und Schreibwettbewerben kann Schülerinnen und Schüler besonders motivieren und herausfordern."[12]

Unter den Kompetenzen finden sich des weiteren konkrete Angaben, wie eine Lesekultur in der Klasse durch anregende Angebote, wie Partnerschaften aus Schule und Umfeld und verpflichtende Buchpräsentationen aufgebaut werden kann, damit die Lesefähigkeit als wichtigste Kompetenz für selbstständiges Lernen von Anfang an gefördert wird.[13]

Unter den verschiedenen Methoden, die sich zur erfolgreichen Leseförderung anbieten, wird im Bildungsplan unter anderem auch das Lesetagebuch als eine Methode erwähnt, die ab dem 3. Schuljahr verpflichtend eingeführt werden muss. Auf das Lesetagbuch als Methode der Leseförderung werde ich im Verlauf dieser Arbeit (siehe 3.) meinen Schwerpunkt legen. Zunächst möchte ich aber darauf eingehen, wie die Rahmenbedingungen für eine erfolgreichen Leseförderungen gesetzt sein müssen. Selbstverständlich sind ideale Bedingungen gegeben, wenn ein Kind schon

---

[9] Ebenda, S. 16.
[10] Vgl.: Hurrelmann, Bettina, Elias, Sabine: „Leseförderung in einer Medienkultur", S. 3.
[11] Bildungsplan für die Hauptschule, Fach Deutsch, Baden- Württemberg, S.28. Vgl.: Bildungsplan für die Realschule, Fach Deutsch, Baden-Württemberg, S.49
[12] Bildungsplan für die Grundschule, Fach Deutsch, Baden-Württemberg, S.43.
[13] Vgl.: Ebenda, S.44.

vom Elternhaus in eine aktive Lesesozialisation eingebunden wurde und erleben konnte, dass vor allem Bücher, aber auch der Wechsel zwischen verschiedenen Medien zu einem erstrebenswerten Lebensmodell gehören. Leider finden bei weitem nicht alle Kinder diese Vorraussetzungen vor.[14] Die Schule hat nun die Aufgabe einen Lebens- und Leseraum zu schaffen, der idealerweise eine Verbindung zur Freizeit und zum familiären Umfeld der Schülerinnen und Schüler schafft, so, dass Lesemotivation sich auf die außerschulischen Bereiche überträgt. Wichtig für die erfolgreiche Förderung der Lesekompetenz und der Lust am Lesen ist die zielgruppenspezifische Gestaltung. Die ausgewählte Literatur und die mit dem Lesen verbundenen Aufgaben müssen im Zusammenhang stehen, mit den vorhandenen Fähigkeiten und den Interessen der Schülerinnen und Schüler. Dazu gehört auch, dass berücksichtigt wird, dass Jungen – bei insgesamt weniger Lektüre- Sachliteratur bevorzugen (und dadurch im traditionellen Literaturunterricht oft weniger angesprochen werden als Mädchen) und Mädchen sich ausgesprochen gerne mit fiktiver Literatur beschäftigen.[15]

Neben dem leseanregenden Unterricht, der in Form von Lesenächten, Buchvorstellungen, freien Lesestunden, Klassenbibliotheken, fächerübergreifenden Leseprojekten, einem Theaterbesuch u. a. durch die Lehrkraft ermöglicht wird, sind nach der Grundschulzeit besonders auch die Peers für eine Weiterführung der Lesesozialisation ausschlaggebend und beeinflussend.[16] Man geht davon aus, dass die Jugendlichen, die während der Pubertät weiterhin lesen (oft auch „süchtig" sind nach neuem Lesestoff), auch in Zukunft geschulte Leser bleiben werden. Die Leseempfehlungen die in dieser Zeit von den Gleichaltrigen ausgehen, haben den bedeutendsten Einfluss auf die Wahl der Freizeitlektüre.[17] Oft ist es auch möglich hier eine gute Verbindung zu den anderen Medien (Film, Fernsehen, Internet...) herzustellen und einen „Quereinstieg" zum Lesen zu ermöglichen.

Um ein erfolgreicher und motivierter Leser oder eine Leserin zu werden, braucht man eine anregende Leseumwelt, alltägliche Lesesituationen unter verschiedenen Bedingungen, praktische Handlungszusammenhänge die zu Eigeninitiative führen und Gesprächspartner mit denen ein Austausch über Gelesenes möglich ist. Allen voran sind erwachsene Lesevorbilder nötig, die dem

---

[14] Vgl.: Hurrelmann, Bettina: „Leseförderung", S. 16.
[15] Vgl.: Ebenda, S.19.
[16] Vgl.: Ebenda, S.19.
[17] Vgl.: Ebenda, S.19.

Lesen in einer multimedialen Gesellschaft Sinn geben, denn, wie Bettina Hurrelmann es schreibt: *„[das Lesen wird] für die jüngere Generation in dem Maße schwerer zu erlernen sein, in dem die Unterhaltungselektronik Zerstreuung, punktuelle Aufmerksamkeit [und] starke emotionale Reize zu den beherrschenden Wahrnehmungsformen machen kann"* und ich würde hinzufügen, dass sie dies teilweise auch schon getan hat.[18]

3. Das Lesetagebuch als Methode der Leseförderung

„Andere Bücher habe ich nur gelesen, bei diesem muss ich nachdenken", so schrieb eine Schülerin einer 6. Klasse in ihr Lesetagebuch.[19] Dieses Zitat legt offenkundig, dass ein Lesetagebuch von einer Intensität geprägt ist, die der traditionelle, analytische Literaturunterricht nicht zu bieten vermag. Die Geschichte des Lesetagebuches ist somit auch eine etwas jüngere und sie geht einher mit dem Anspruch an einen handlungsorientierten und selbstbestimmten Unterricht. Orientierend an den Zielen der Leseförderung, nach Lesefreude und selbstbestimmtem Lesen, kann das Lesetagebuch eine ideale Methode zur Vermittlung dieser Ansprüche sein. Im Folgenden möchte ich Aufbau, Inhalt und Ziele der Arbeit mit einem Lesetagebuch näher beleuchten und selbstverständlich zuletzt auch einen kritischen Blick auf diese Methode werfen. Abgerundet wird dieses Thema mit der nächsten Einheit (siehe 4 - 4.4), mit dem Praxisbeispiel zu „Paul Vier und die Schröders".

3.1 Aufbau und Inhalt eines Lesetagebuches

Ähnlich einem regulären Tagebuch, ist das Lesetagebuch ein Ort (meistens ein DIN A4 oder A5 Heft) an dem Eindrücke, Gefühle und Gedanken niedergeschrieben werden, die dem Verfasser als wichtig und merkenswert erscheinen. Auch das Lesetagebuch ist von seiner Form her offen und kann kreativ und vielseitig gestaltet werden. Des Weiteren sind die Aufschriebe, wie beim Tagebuch, kontinuierlich und beziehen sich auf einen bestimmten Zeitraum. Unterscheidend ist natürlich, dass sich das Lesetagebuch auf Eindrücke von Gelesenem bezieht und die Reflexionen in Zusammenhang mit der Lektüre stehen und nicht nur persönliche Alltagseindrücke

---

[18] Vgl.: Ebenda, S. 15.
[19] Zitiert nach: Hintz, Ingrid: „Andere Bücher habe ich nur gelesen, bei diesem muss ich nachdenken" – Methoden lernen und Anwenden mit dem Lesetagebuch, S. 33.

und Erlebnisse wieder gegeben werden, das Lesetagebuch kann „daher als *Sonderform* des allgemeinen Tagebuchs [bezeichnet werden]".[20] . Die datierten Aufschriebe zum Buch begleiten die Lektüre vor, nach und während des Leseprozesses. Je nach Vorgaben der Lehrkraft richten sich die Lesetagebücher nach einer offenen oder geschlossenen Form, sind also ganz frei oder nach Vorgaben zu gestalten – hierauf werde ich in 3.4 noch näher eingehen. Generell gehören in ein Lesetagebuch immer auch formale Informationen zum Buch, wie Titel, Autor, Verlag und Erscheinungsjahr.

3.2 Ziele

Die Ziele eines Lesetagebuchs als Methode der Leseförderung sind sehr vielfältig und richten sich neben der inhaltlichen Vertiefung eines Buches besonders auf die Förderung der Selbstständigkeit im Leseprozess und der Entfaltung von Lesekompetenz. Durch die verschiedenen Möglichkeiten ein Buch zu betrachten und zu erfassen und durch die kreativen Gestaltungsformen soll durch das Lesetagebuch ein erweitertes Textverständnis gefördert werden, das nicht nur von der analytischen Seite kommt, sondern auch einen emotionalen, sozialen oder auch psychomotorischen Zugang ermöglicht. Das Erproben der Arbeitstechniken erfolgt ganz ohne negative Konsequenzen, weil kein vorgefertigtes Muster das Produkt festlegt und kann so das Selbstvertrauen der Schülerinnen und Schüler in ihre Lese- und Schreibfähigkeiten und in ihre Kreativität fördern.[21] Offensichtlich ist, dass bei der Führung eines Lesetagebuches das Lesen und Schreiben, so wie das freie Gestalten, zusammengeführt werden, was Teilziel eines ganzheitlichen Unterrichts ist.[22] Das selbstständige und eigenverantwortliche Arbeiten am Lesetagebuch ist außerdem ausschlaggebend für die Vermittlung von Methodenkompetenz.[23] Methoden des Beschreibens, Verstehens, Analysierens, Reflektierens und des Selbstständigen Arbeitens werden direkt oder indirekt, neben Einfühlungsvermögen, Empathie und Verantwortung vermittelt und eingeübt. Durch die Individualisierung die durch diese Methode entsteht, ist es außerdem ein weiteres wichtiges Ziel für die

---

[20] Vgl.: Hintz, Ingrid: Das Lesetagebuch: Intensiv lesen, produktiv schreiben, frei arbeiten. Bestandsaufnahme und Neubestimmung einer Methode zur Auseinandersetzung mit Kinder- und Jugendbüchern im Deutschunterricht, S.91.
[21] Vgl.: Hintz, Ingrid: „Andere Bücher habe ich nur gelesen, bei diesem muss ich nachdenken" – Methoden lernen und Anwenden mit dem Lesetagebuch, S.38.
[22] Vgl.: Ebenda, S.36.
[23] Vgl.: Ebenda S.35.

Lehrkraft, dass ein Einblick in die Lern- und Leseprozesse der Schülerrinnen und Schüler gewährt wird und so gezielte Hilfestellung und Förderung stattfinden kann.

3.3 Einsatzmöglichkeiten

In der Schule kann ein Lesetagebuch begleitend zu verschiedenen Lesesituationen geführt werden. Einerseits ist es möglich, dass alle Schülerinnen und Schüler gemeinsam im Klassenverbund eine Lektüre lesen und dazu individuell ein Lesetagebuch führen. Hier wird die Lehrkraft dann wahrscheinlich gemeinsame feste Zeiten einrichten, in denen das Lesetagebuch geführt werden wird. Diese festen Zeiten eigenen sich aber auch , wenn die Buchauswahl freigestellt ist und die Schülerinnen und Schüler sich individuell nach ihren Interessen das Buch ausgewählt haben. Auch, wenn verschiedene Büchern in Gruppen gelesen werden, kann es sinnvoll sein für diese Arbeit feste Zeiten einzurichten.

3.4 Offene und geschlossene Form

Abhängig von der Gestaltung des Unterrichts, ist die Form, in der das Lesetagebuch geschrieben wird. Bei der offenen Form des Lesetagebuchs ist den Schülerinnen und Schülern die Wahl der Arbeitstechniken und Gestaltungsformen freigestellt. Als Hilfestellungen liegen oftmals Handzettel bereit von denen sich die Schülerinnen und Schüler Anregungen holen können, die aber nicht verpflichtend sind.[24] Die geschlossene oder gesteuerte Form des Lesetagebuchs lässt den Schülerinnen und Schülern weniger Wahl bei der freien Gestaltung und der Form der Arbeitstechniken. Oftmals liegen dann im Klassenzimmer bestimmte Arbeitsblätter zur Lektüre aus, die zu einer Bestimmten Zeit oder Stelle im Buch bearbeitet werden müssen. Häufig ist jedoch auch eine Mischung der beiden Formen vorzufinden, wenn die Lehrkraft einerseits die freie Wahl der Gestaltung und der Arbeitstechniken ermöglicht, andererseits aber Bedingungen stellt, die beispielsweise eine bestimmte Anzahl von geschriebenen Einträgen vorgibt.

3.5 Aufgaben der Lehrperson

Der geeignete Rahmen für die Methode des Lesetagebuches ist der geöffnete Unterricht, in dem eine „ für das eigenständige Lesen günstige Lernatmosphäre"

---

[24] Vgl.: Hintz, Ingrid: Das Lesetagebuch: Intensiv lesen, produktiv schreiben, frei arbeiten. Bestandsaufnahme und Neubestimmung einer Methode zur Auseinandersetzung mit Kinder- und Jugendbüchern im Deutschunterricht, S. 280.

herrscht, die sich durch „Individualisierung, Differenzierung, Zeit, Ruhe, hilfreiche Anregungen, notwendige Unterstützung und ermutigende Begleitung" auszeichnet.[25] Hieraus wird deutlich, dass die Lehrkraft, wie in jedem offenen Unterricht, eine zurückhaltende Rolle einnimmt. Ihre Aufgabe ist es, die Rahmenbedingungen für das Arbeiten mit dem Lesetagebuch zu schaffen und dann als Moderator und Mediator, unterstützend, anregend und vermittelnd zu handeln. Die Lesetagebücher eines jeden Einzelnen geben Einblick in die Interessen des Schülers oder der Schülerin, zeigen aber auch ihre Lernfortschritte und – prozesse auf, worauf hin die Lehrkraft individuell fördernd reagieren kann. Andrea Bertschi-Kaufmann, Fachdidaktikerin in diesem Gebiet aus der Schweiz, schreibt über das Lesetagebuch, dass es zum "Hin-und-Her-Buch zwischen dem Kind und seinem Lehrer oder seiner Lehrerin" wird.[26] Durch die Lesetagebücher kann die Lehrkraft das Lernen ihrer einzelnen Schüler verstehen lernen und kann gezielt durch kurze Kommentare zu weiteren Fortschritten ermutigen oder die Arbeit durch einen gezielten Vorschlag anregen. Lesetagebücher sind individuelle Produkte und sollten daher nicht vergleichend bewertet werden (zu dieser Problematik mehr in Kapitel 3.6). Es sollte von der Lehrkraft jedoch immer eine Würdigung der individuellen Schülerleitung in mündlicher oder schriftlicher Form erfolgen.[27]

Selbstverständlich muss die Lehrperson die Methode des Lesetagebuches zu aller erst einführen und kann hier eventuell von einer geschlossenen Form immer mehr zu einem freien und offenen Arbeiten mit dem Lesetagebuch hinführen. Teil der Methode ist es auch, dass die Buchauswahl thematisiert wird, damit auch hier im Folgenden eigenständiges Handeln vorrausgesetzt werden kann.

3.6 Problematische Aspekte des Lesetagebuchs

Im Allgemeinen fordert die Schule und so auch der Deutschunterricht von den Lehrerinnen und Lehrern regelmäßig die Leistungen der einzelnen Schülerinnen und Schüler zu bewerten. Ein Lesetagebuch ist jedoch eine subjektive Reaktion auf eine Ganzschrift, die von jedem Schüler und jeder Schülerin individuell gestaltet wurde

---

[25] Hintz, Ingrid: „Andere Bücher habe ich nur gelesen, bei diesem muss ich nachdenken" – Methoden lernen und Anwenden mit dem Lesetagebuch, S.35.
[26] Bertschi-Kaufmann, Andrea: Das Lesetagebuch – Anregungen für alle Schulstufen, S.22-23
[27] Hintz, Ingrid: „Andere Bücher habe ich nur gelesen, bei diesem muss ich nachdenken" – Methoden lernen und Anwenden mit dem Lesetagebuch, S.39.

und eine vergleichende Beurteilung ist daher fast unmöglich macht.[28] Nur bei einer verbindlichen und mehr oder weniger identischen Aufgabenstellung für alle Schülerinnen und Schüler wäre eine solche Beurteilung möglich. Ein solches Vorgehen würde dem Lesetagebuch jedoch eher den Charakter eines Lesebegleitheftes geben und individuellem Arbeiten keinen Platz mehr einräumen.[29] Die Arbeit mit Lesetagebüchern sollte jedoch nicht ergebnisorientiert, sondern prozessorientiert sein. Es kommt nicht auf Grammatik und Orthographie, sondern vielmehr darauf an, dass sich die Schüler selbständig mit einem Text intensiv und möglichst individuell auseinandersetzen.[30] Eine teilweise vergleichende Bewertung lässt sich trotz allem einrichten, wenn die Lehrkraft einige wenige Einträge, beispielsweise die formalen Einträge zur Lektüre, eine bestimmte Anzahl von Kapitelzusammenfassungen oder eine abschließende Buchkritik, als Pflichtaufträge zu Beginn der Lesetagebucharbeit festlegt.

Die Arbeit mit dem Lesetagebuch, die die Leseprozesse der Schülerinnen und Schüler begleitet kann für einzelne belastend und abschreckend wirken. Nicht für alle Schülerinnen und Schüler ist diese Methode die geeignetste und durch das geforderte Durchhaltevermögen, kann es leicht auch mal zu Ermüdungserscheinungen und Motivationsverlust führen. Hier ist es meiner Meinung nach die Aufgabe der Lehrkraft wachsam zu sein und individuelle Maßnahmen zu treffen, damit das Kind oder der Jugendliche wieder für die Arbeit am Lesetagebuch motiviert werden kann.

Letztlich wäre eventuell kritisch zu betrachten, dass Schülerinnen und Schüler letztlich nicht das schreiben, was sie schreiben wollten, weil das Wissen, dass der Lehrer oder die Lehrerin das Geschriebene lesen wird, sie davon abhalten. Das Lesetagebuch wird im Vergleich zum privaten Tagebuch sehr wohl von der Lehrperson gelesen und dadurch ist für manche Schülerinnen und Schüler eventuell die Hemmschwelle wirklich über persönliche Eindrücke zu schreiben größer.[31] Berichten Schülerinnen und Schüler deshalb über ihre inneren Gefühle und Erfahrungen, dann ist die von der Lehrkraft in jedem Fall zu wertschätzen. Mit der

---

[28] Vgl.: Hintz, Ingrid: Das Lesetagebuch: Intensiv lesen, produktiv schreiben, frei arbeiten. Bestandsaufnahme und Neubestimmung einer Methode zur Auseinandersetzung mit Kinder- und Jugendbüchern im Deutschunterricht, S.276.
[29] Vgl.: Hintz, Ingrid: „Andere Bücher habe ich nur gelesen, bei diesem muss ich nachdenken" – Methoden lernen und Anwenden mit dem Lesetagebuch, S.39.
[30] Vgl.: Vgl.: Hintz, Ingrid: Das Lesetagebuch: Intensiv lesen, produktiv schreiben, frei arbeiten. Bestandsaufnahme und Neubestimmung einer Methode zur Auseinandersetzung mit Kinder- und Jugendbüchern im Deutschunterricht, S.276.
[31] Vgl.: Ebenda, S.91.

Annahme eines Lesetagebuches nimmt die Lehrperson in meinen Augen etwas sehr persönliches der Schülerinnen und Schüler an und trägt somit die Verantwortung mit dem Heft sorgsam und würdigend umzugehen, was auch bedeutet, dass er es vor freiem Zugang durch andere schützt.

4. Praxisbeispiel zum Einsatz des Lesetagebuchs

Als konkretes Beispiel für den Einsatz des Lesetagebuches stellte ich mit Melanie Flamm gemeinsam das Jugendbuch „Paul Vier und die Schröders" von Andreas Steinhöfel vor.[32] Mit „Paul Vier", das 1992 zum ersten Mal erschien, hat Steinhöfel ein ansprechendes, humorvolles und zugleich ernsthaftes Jugendbuch geschrieben, das sich unter verschiedenen Aspekten in den Unterricht der 5. oder 6. Klasse integrieren lässt.[33]

4.1 Inhalt „Paul Vier und die Schröders"

Paul Walser (genannt Paul Vier, weil er der vierte Paul in der Generationenfolge ist) lebt mit seiner Familie in dem kleinbürgerlichen, wohlgeordneten fiktiven Ort Bergwald an der Lahn, wo wenig den Alltag und das Geschwätz der Kaffeetanten stört, bis die Schröders in das leerstehende Haus in der Ulmenstraße ziehen. Die Schröders, das sind Frau Schröder und ihre vier Kinder, sind anders. Sie sind individuell und besonders und sie passen nicht nach Bergwald. Schon nach kurzer Zeit ist der gesamte Ort hasserfüllt und plant drastische Schritte gegen die Familie einzuleiten, die durch ihre Unangepasstheit die scheinbare Harmonie von Bergwald stört. Nur Paul Vier ist den neuen Bewohnern des Schröderhauses freundlich gestimmt und schafft es das Schlimmste zu verhindern.

4.2 Methodisch- didaktische Überlegungen zu „Paul Vier und die Schröders"

Steinhöfels Jugendroman bietet ein breites Spektrum an Themen die von Relevanz für Schülerinnen und Schüler der Sekundarstufe I sind. Ohne zu moralisieren oder zu belehren beleuchtet die Geschichte um Paul Vier und die Schröders sehr deutlich

---

[32] Steinhöfel, Andreas: Paul Vier und die Schröders, München: Deutscher Taschenbuch Verlag (2007)[14]
[33] Empfohlen wird das Buch von dtv junior ab elf Jahren.

das Thema Außenseitertum und Andersartigkeit und stellt dem Hass und der Ablehnung der Bewohner Bergwalds den Protagonisten Paul entgegen, der sich durch Toleranz und Respekt gegenüber der neuen Familie auszeichnet. Die Konflikte zwischen Paul Vier und seinem Freund Claus, der hin und her gerissen ist, zwischen der respektvollen Haltung seines Freundes und seinem inneren Wunsch nicht aufzufallen und mitzulaufen, sind bekannte Spannungen, die fast jedem Heranwachsenden begegnen und somit zur Identifikation anstiften. Oftmals ist die schulische Situation auch von einzelnen Außenseitern geprägt und der Roman kann helfen die Seite derer nach zu vollziehen. Während es fast nicht zu umgehen ist diese Themen im Umgang mit dem Roman zu behandeln, sind andere Themen weniger offensichtlich. Höchstwahrscheinlich wird die Schülerinnen und Schüler die erste Verliebtheit von Paul zu Delphine interessieren. Die Namen der Schröderkinder regen zur Analyse an und dazu, sich näher mit ihrer Bedeutung zu beschäftigen.[34] Interessante Themen, die sich für die eigenständige Erarbeitung eignen, sind außerdem die Krankheit von Frau Schröder – sie ist an Leukämie erkrankt - ,die Python Schlange die Erasmus Schröder als Haustier hält oder die Komponisten Beethoven, Bach und Hayden, die Sabrina Schröder zum Einschlafen hört.

4.3 Die Arbeit mit dem Lesetagebuch und Steinhöfels Roman „Paul Vier und die Schröders"

Da „Paul Vier und die Schröders" eine Vielzahl verschiedener Charaktere vorstellt und die vielen, oben genannten, Themen anreißt eignet sich der Roman sehr gut für die Arbeit mit dem Lesetagebuch. Vermutlich kommen Schülerinnen und Schüler die mit dem Führen eines Lesetagebuches vertraut sind von alleine auf kreative Ideen den Stoff des Romans zu verarbeiten. Aber auch als Einstieg in die Methode lässt sich „Paul Vier" gut verwenden. Als Anregungen können verschiedene Aufgaben vorgeschlagen werden, hier einige Beispiele:

- Verfasse einen Steckbrief für eine beliebige Person des Romans und gib die passenden Textstellen dazu an.
- Erstelle einen Kalender und trage die Ereignisse ein. Die Geschichte beginnt an einem Dienstag im Mai (S.7) und am Ende (S.155) heißt es, dass die Schröders an einem Freitag, nach 3 Wochen und 4 Tage Bergwald wieder verließen.

---

[34] Die Schröder Kinder heißen Delphine, Dandelion, Erasmus und Sabrina. Besonders die Namen der beiden Jungen regen zum Nachdenken an.

- Paul ist verliebt er malt sich heimliche Treffen mit Delphine aus (S. 83). Paul traut sich nichts zu sagen, vielleicht kann er sich aber in einem Brief ausdrücken. Lass Paul einen Brief an Delphine schreiben.
- Zum Einschlafen hört Sabrina Beethoven, Bach und Hayden (S.123-124). Höre dir die drei Musikbeispiele an und entscheide, welche der Stücke dir am besten gefällt und begründe warum und ob du zu der Musik einschlafen könntest.
- Lies dir Kapitel 4 gut durch und verfasse dann einen Artikel für eine Zeitung; finde eine passende Schlagzeile.
- Male einen Plan von der Ulmenstraße und der Umgebung. Wie wird die Straße im Buch beschrieben und wie stellst du dir die Stadt an der Lahn und am Enzberg vor?

Auch im offenen Lesetagebuchunterricht können solche Aufgaben als Anregungen bereit liegen. Möglicherweise führen die vorgegebenen Aufgaben wieder zu weiteren, neuen Ideen der Schülerinnen und Schüler. Mir erscheint es sinnvoll solche konkreten Anregungen, neben den allgemeinen Vorschlägen, wie sie Ingrid Hintz etwa gibt, immer bereit zu halten[35].

4.4 Beispiele aus dem Seminar

Nach einem theoretischen Teil über das Lesetagebuch als Methode der Leseförderung boten Melanie Flamm und ich den Kommilitonen und Kommilitoninnen an, sich praktisch mit der Methode auseinander zusetzen, indem wir ihnen „Paul Vier und die Schröders" durch das 1. Kapitel vorstellten. Mit dem Wissen aus dem 1. Kapitel hatten die Studierenden die Möglichkeit sich mit einer von vier verschiedenen Aufgaben zu beschäftigen. Alle vier Aufgaben sind, zumindest teilweise, textproduktiv und sollten aus diesem Grund nicht ausschließlich die Arbeit mit dem Buch darstellen, nichtsdestotrotz ist auch das Lesetagebuch eine hauptsächlich textproduktive Methode, die aber durch Handlungsorientierung aufgelockert werden sollte.

Die Aufgaben für die Studentinnen und Studenten des Seminars waren folgende:

1. Paul nimmt Kontakt zu Delphine auf: Schreibe einen Brief an sie und erzähle ihr, was dich beschäftigt.

---

[35] „Handzettel mit Anregungen zum Lesetagebuch" aus: Hintz, Ingrid: Das Lesetagebuch: Intensiv lesen, produktiv schreiben, frei arbeiten. Bestandsaufnahme und Neubestimmung einer Methode zur Auseinandersetzung mit Kinder- und Jugendbüchern im Deutschunterricht, S.280.

2. Schreibe den Beginn des nächsten Kapitels.

3. Verfasse aus der Sicht von Delphine einen Tagebucheintrag.

4. Male zum 2. Kapitel ein Bild oder gestalte ein Comic.

In Gruppen beschäftigten sich die Studentinnen und Studenten repräsentativ mit einer Aufgabe. Die Ergebnisse zeigten, dass sich die Studentinnen und Studenten sehr ernsthaft den Aufgaben angenommen hatten und machten die emotionalen Komponenten der Aufgaben 1 und 3 deutlich, sowie die künstlerische Herangehensweise von Aufgabe 4. Die zweite Aufgabe setzte Spekulation voraus und war ein guter Anknüpfpunkt, den weiteren Verlauf der Geschichte im Seminar kurz vor zu stellen. In der Unterrichtssituation ist das Vorhersehen in die Zukunft der Geschichte eine geeignete Methode, um später noch einmal zu überprüfen, wie sehr sich die Geschichte in die ein oder andere vermutete Richtung entwickelte.

5. Resümee

Durch das wöchentliche Seminar über ein Semester und die zusätzliche intensivere Beschäftigung mit dem Thema Leseförderung für die vorliegende wissenschaftliche Hausarbeit konnte ich einen Einblick in die Wichtigkeit und Notwendigkeit dieses Themas gewinnen. Leseförderung muss nahezu in jedem schulischen Kontext stattfinden und hat seinen ganz besonderen Platz im Literaturunterricht des Faches Deutsch. Da Leseförderung Individualisierung und Differenzierung voraussetzt, ist das Lesetagebuch meiner Meinung nach die ideale Methode um in diesem Bereich Erfolge zu erzielen. Das Lesetagebuch kann dadurch, dass es so verschiedenartig eingesetzt und je nach Klassensituation abgewandelt werde kann, für jeden Schultyp bzw. für fast jede Klassensituation eine Arbeitsmöglichkeit sein. Das Lesetagebuch ermöglicht im Gegensatz zum herkömmlichen, gleichschrittigen Lesen einer gemeinsamen Klassenlektüre, was oft die Leistungsschere weit auseinander klaffen lässt, ein individuelles und eigenständiges Arbeiten mit einer Ganzschrift. Dadurch, dass das Lesetagebuch einen handlungs- und produktionsorientierten Unterricht zu Grunde liegt ist der Unterricht demnach meist motivierender und inspirierender für die Schülerinnen und Schüler als herkömmlicher Literaturunterricht. Besonders überzeugend ist für mich, dass das Lesetagebuch, anders als andere Methoden, nicht nur die Lust am Lesen selbst fördert, sondern gleichzeitig anderer Arbeitsformen und Methoden integriert und vertieft. Durch das Führen von Lesetagebüchern wird nicht nur die Lesesozialisation gefördert und gestärkt, sondern auch allgemeine Verstehensprozesse, sei es im literarischen oder im sachlichen Bereich, werden angeregt. Zu guter Letzt verbindet die Arbeit mit dem Lesetagebuch im Literaturunterricht das Lesen mit dem Schreiben und bereichert dadurch nicht nur den Schulalltag, sondern auch den Erfahrungshorizont der Schülerinnen und Schüler, die durch diese Methode besonders ermutigt werden, das Gelesene zu hinterfragen und zu eigenen kreativen Schlussfolgerungen und Ergebnissen zu kommen.

Ich kann mir persönlich sehr gut vorstellen in Zukunft mit dem Lesetagebuch im Deutschunterricht, so wie auch im fremdsprachlichen Unterricht, zu arbeiten, weil mir diese Methode als eine besonders schülerorientierte erscheint, die auf die Stärken und Schwächen des einzelnen Rücksicht nimmt und diese gezielt aufgefangen und unterstützt werden können. Es ist mir sehr wichtig, dass meine Schülerinnen und Schüler angstfrei werden lernen können und hier öffnet das Lesetagebuch viele Möglichkeiten. Die positiven Erfahrungen und Erfolgserlebnisse ermöglichen, meiner Meinung nach am ehesten die Lust ein aktiver und selbstbestimmter Leser oder Leserin zu werden, was letztlich Ziel jeder Leseförderung ist.

6. Literatur

6.1 Literaturverzeichnis

- Bertschi-Kaufmann, Andrea: Das Lesetagebuch – Anregungen für alle Schulstufen. In: Die Grundschulzeitschrift (2003). Heft 165/166. S.22-23.Bertschi-Kaufmann, Andrea: „Ich würte das Buch alen empfelen zu lesen." Leseerfahrungen und ihre Spuren im Lesetagebuch. In: Grundschule Sprachen (2002). Heft 05/02. S. 12-15.
- Hintz, Ingrid: „Andere Bücher habe ich nur gelesen, bei diesem muss ich nachdenken" – Methoden lernen und Anwenden mit dem Lesetagebuch. In: Praxis Deutsch (2000). Heft 164. S.33-39.

- Hintz, Ingrid: Das Lesetagebuch: Intensiv lesen, produktiv schreiben, frei arbeiten. Bestandsaufnahme und Neubestimmung einer Methode zur Auseinandersetzung mit Kinder- und Jugendbüchern im Deutschunterricht. Baltmannsweiler: Schneider-Verlag Hohengehren (2002)[1].

- Hurrelmann, Bettina: Leseförderung. In: Praxis Deutsch (1994). Heft127. S. 13-22.

- Hurrelmann, Bettina; Elias, Sabine: Leseförderung in einer Medienkultur. In: Praxis Deutsch Sonderheft „Leseförderung" (1998). S. 3-7.

- Steinhöfel, Andreas: Paul Vier und die Schröders. München: Deutscher Taschenbuch Verlag (2007)[14]

6.2 Internetquellen

- Bildungsstandards Baden-Württemberg: http://www.bildung-staerkt-menschen.de/service/downloads/Bildungsstandards /Hs/HS_D_bs.pdf (25. Februar 2008